난, 두렵지 않다
자기 존엄에 대하여

박 북

이카로스의 날개

자신의 죽음 보다 더 위대한 이야기

오래전부터 강렬한 이야기와 이미지로 저에게 각인된 책 속의 주인공들을 캐릭터로 그렸습니다. 이 책에는 아주 오래전 신화와 종교 이야기부터 동서양의 위대한 인물들과 인간이 남긴 방대한 사고와 상상과 사유의 기록, 그리고 대자연의 거대한 피조물부터 아주 작은 곤충까지 등장합니다. 이 모든 캐릭터들은 인문학에 뿌리를 두고 있습니다. 인문학은 인류가 남긴 가장 위대한 자산이자 보물이고, 세상과 인간에 대한 이야기입니다.

그리고 [자유와 정의, 자기 존엄]이라는 부제도 달았습니다. 이 책에 나오는 주인공 대부분은 자유와 정의를 위해 두려움 없이 시대와 정면으로 맞서고, 자신과 인간의 존엄을 위해 목숨을 걸고, 그래서 더 나은 세계를 위해, 그리고 시대를 넘어서고자 했던 캐릭터들입니다. 그래서 자신의 운명과 죽음 앞에 당당했습니다. 그러나 이 주인공들은 고전이나 인문학이라는 무거운 이름으로 우리에게 그리 가까이 있지 않습니다. 저는 이러한 인문학 속의 주인공들을 조금은 더 대중적이고 친근한 이미지의 캐릭터로 표현했고, 본래 이야기는 더욱 심화시키면서 그 이야기를 통해 오늘 우리의 모습도 담아 보려했습니다.

세상의 모든 책은 그 주인이 따로 있듯이, 이 책의 캐릭터들 역시 보는 사람 각자의 마음과 준비에 따라 여러 모습으로 다가갈 것입니다…

끝으로, 지금 이 순간에도 분투하는 자, 작은 힘으로나마 세상을 바꾸려는 사람들, 더 나은 가치를 위해 실패도 거뜬히 각오한 분들에게 이 책을 바칩니다.

2014년 2월 박 북

차례

6. 캐릭터 소개

8. 이카로스 영원한 이상향의 아이콘이자 지구상에서 가장 높이 난 자

10. 초패왕 항우 역발산의 항우, 그러나 시 한 편을 남겼다

12. 말똥 구슬 자기 존엄에 대하여

14. 삼손 치명적 유혹과 위험한 사랑… 대가는 너무 컸다

16. 잔 다르크 백년전쟁의 꽃이 아닌

18. 코페르니쿠스 과학 혁명의 아이콘

20. 임꺽정 의적은 못 되더라고 그의 편에 설 수 있다면

22. 살라딘 관용과 자비의 위대한 술탄

24. 모비 딕 소설, 그 이상을 위한

26. 우상 이언진 자신과 자신의 글을 모두 불태운 조선의 문인

28. 프랑켄슈타인 기쁨과 행복하기를 영원히 박탈당한

30. 꿋꿋한 양철 병정 안데르센의 또 다른 분신

32. 파우스트 당신도 영혼을 파시겠습니까

34. 라이트형제 인간의 힘으로 최초로 하늘을 난

36. 바벨탑 인간의 상상력으로 만든 인류 최대의 건축물

38. 말콤 X 자유와 존엄의 위대한 검은 사나이

40. 핏불 싸우기 위해 태어난 개, 그러나…

42. 코뿔소의 외뿔처럼 혼자서 가라 누구든 부처가 될 수 있다

44. 참고 문헌

46. 후기

캐릭터 소개

이카로스
그리스신화에 나오는 다이달로스의 아들로서 아버지가 새의 깃털과 밀랍으로 만들어준 날개를 달고서 태양 가까이 가다 바다에 빠져 죽었다.

초패왕 항우 [기원전 232~기원전 202]
중국 역사 최고의 장수로서 서초패왕이라 불렸다. 한고조 유방과의 전쟁에서 초기에는 승리 했으나 마지막 해하 전투에서 패배하면서 31세에 자결하였다.

말똥구슬
조선 후기의 대문장가 연암 박지원[1737~1805]이 유금의 [말똥구슬] 이라는 시집의 서문에 써준 글로서 말똥구리의 작지만 귀한 자기 존엄에 대한 글이다.

삼손
성서에 나오는 이스라엘 민족의 최고 장사로서 힘의 원천은 머리카락이며 한 여인을 사랑한 대가로 모든 것을 잃고 최후의 순간 다곤 신전을 무너뜨렸다.

잔 다르크 [1412~1431]
영국과의 백년전쟁에서 프랑스를 구한 구국 소녀. 그러나 적국의 종교재판에 회부되어 19세의 나이에 화형당했다. 사후 489년 후인 1920년, 가톨릭교회는 잔 다르크를 성녀로 시성하였다.

코페르니쿠스 [1473~1543]
지동설을 주장하여 우주의 중심을 바꾼 폴란드의 천문학자이자 성직자이고, 어둡게 닫혀 있던 중세 시대를 열며 세상의 인식을 바꾼 과학혁명의 대명사이다.

임꺽정 [? ~1562]
조선 중기 명종 시대의 백정 출신의 의적으로 황해도와 함경도에서 활약했던 조선의 3대 의적 중 한 명이다.

살라딘 [1137,1138?~1193]
이집트와 시리아의 술탄이자 전 이슬람 세계를 아우르는 아이유브 왕조의 시조로서 침략자 십자군에 맞서 싸운 이슬람 최고의 영웅이다.

모비 딕
미국의 소설가 허먼 멜빌[1819~1891]이 1851년 발표한 장편소설로서 자연과 인간에 대한 심오한 사유와 종교적 상징과 비유, 그리고 방대한 서사적 산문으로 영문학의 3대 비극으로 꼽힌다.

우상 이언진 [1740~1766]
조선 후기 역관(통역관) 출신의 문인으로 천재적 능력을 갖췄으나 강고한 신분제 사회에서 그 뜻을 다 펼치지 못하고 스물일곱의 나이에 요절하였다.

프랑켄슈타인
영국의 여류작가 메리 W. 셸리[1797~1851]가 1818년에 발표한 소설로 흔히 괴기 소설의 명작이라 하지만 주인공인 이름 없는 괴물의 고뇌가 무겁게 묘사 되어있다.

꿋꿋한 양철 병정
아동문학의 선구자인 안데르센[1805~1875]의 수많은 명작 중 하나로서 자신의 섬세한 영혼과 굴곡 많은 삶, 그리고 끝내 이루지 못한 사랑 이야기를 양철 병정이라는 위대한 문학으로 승화시켰다.

파우스트
독일의 대문호 괴테[1749~1832]가 60여 년에 걸쳐 쓴 희곡이자 독일어의 위대함을 보여준 명작으로, 결국 인간 영혼의 승리를 말하고 있다.

라이트형제 [윌버 라이트, 1867~1912 / 오빌 라이트, 1871~1948]
자신들이 만든 동력 비행기로 최초로 하늘을 날았고 그 후 비행기 제작 회사를 설립하여 항공기술의 초석을 닦았다.

바벨탑
인간의 상상력이 만든 인류 최대의 건축물이자 인간의 도전과 욕망, 그에 대한 신의 응징과 저주를 상징한다.

말콤 X [1925~1965]
아프리카계 미국인이자 흑인 인권 운동가로서 당시 흑인들에 대한 차별과 반인권에 대한 분노를 거침없이 표명하여 미국 사회에 큰 충격을 주었다.

핏불
강한 체력과 고통에 대한 인내심이 강하며 주인에게 충직하고, 조용하지만 대담하면서도 냉철한 개. 바로 핏불이다.

코뿔소의 외뿔처럼 혼자서 가라
불교 최초의 경전 [숫타니파타]에 나오는 글로서 지친 일상을 넘어 외롭고 고된 우리 인간의 삶에 작은 위안을 준다.

"이카로스야, 이 날개로 절대 높이 날지 말아라~"

이카로스 영원한 이상향의 아이콘이자 지구상에서 가장 높이 난 자

이카로스는 무슨 호기심에서 그랬는지 태양 가까이 가고 싶어 자신의 모든 에너지를 쏟아 하늘 위로 끝없이 올라갔습니다. 그러나 태양 가까이 갈수록 양초로 붙인 날개는 녹고 자신의 힘도 모두 소진되었습니다. 바로 그 정점의 순간 이카로스는 추락하기 시작하여 그대로 바다에 빠집니다. 자신이 어떤 잠재력을 가졌는지도 모르고 알고 있더라도 발휘할 수도 없는 요즘 같은 시대에 이카로스는 단순히 신화 속에 나오는 이상향의 아이콘일 뿐 아니라, 지금 이 순간에도 끊임없이 분투하며 자신의 한계를 넘어서고자 하는 이 세상 모든 사람의 상징입니다.

"꿈까지 포기 할수 없어."

그리고 이것 하나 알아두십시오.
세상은 이카로스 같은 인물에게 바보라고 하거나, 동정도 관심도 그다지 두지 않습니다. 오직 실패자 본인만이 고통스러울 뿐입니다.
실패란 원래 신화나 역사 속의 영웅들만이 짊어질 몫인데 이제는 그렇지 않습니다. 오늘을 사는 사람 누구나 실패자가 될 수 있고 될 가능성이 있다는 것입니다. 그래서 반전과 대역전극이 그렇게도 짜릿한가 봅니다.

 **이카로스**는 그리스신화에 나오는 다이달로스 아들로서 미지의 세계에 대한 끝없는 동경과 자유를 갈망하는 도전의 아이콘이다.

초패왕 항우 중국 역사의 남자

역사는 승자의 기록이요 패배한 자는 부정되고 비하된다.
그러나 여기 승자인 한고조 유방을 초라하게 만든 자가 있었으니 바로 중국 역사의 남자 중 남자 초패왕 항우[項羽, BC 232~BC 202]다.
자신의 말대로 힘은 산을 옮길 만했지만 정작 자신을 이기지는 못했다. 그래서 그만큼 세상을 떨게 했고 정점의 그 순간 몰락과 동시에 스스로 자신을 버렸다. 항우는 도망 갈 수 있었다. 그래서 나중을 도모할 수도 있었고 아니면 목숨만 보전한 채 조용히 살았을 수도 있었다. 만약 그랬다면 항우가 남긴 것은 오직 오명뿐인 이름 두 글자였을 것이다.
그러나 그 길은 항우의 길이 아니었다. 최후의 순간 세상의 모든 뜻과 운명의 신은 항우의 손을 들어주지 않았다. 그러나 아무런 두려움 없이 모든 것을 담담하게 받아들였다. 모든 것이 떠났지만, 자신과 한 몸이었던 우희와 오추마. 살아생전 자기 이름 두 글자밖에 몰랐다던 항우가 생애 마지막 전투를 앞두고 눈물을 흘리며 [해하가]라는 시 한 수를 남겼다. 불같았던 짧은 삶과 끝내 이루지 못한 야망 앞에서 짙은 비애와 처연함으로 오늘날까지 전해지고 있다.

해하가

힘은 산을 뽑고 기운은 세상을 덮었지만
때를 못 만나 오추마는 나아가지 않는구나
오추마가 나아가지 않으니 어찌한단 말인가
우희야, 우희야 이를 어찌한단 말인가

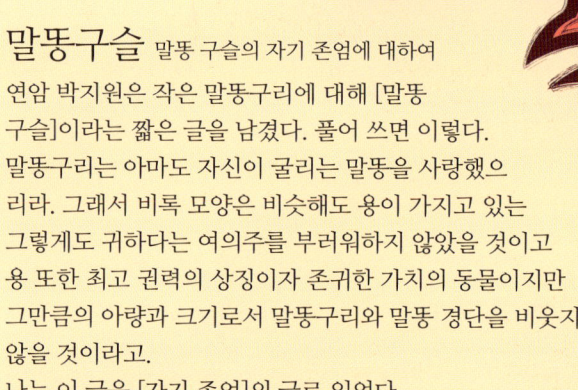

말똥구슬 말똥 구슬의 자기 존엄에 대하여

연암 박지원은 작은 말똥구리에 대해 [말똥
구슬]이라는 짧은 글을 남겼다. 풀어 쓰면 이렇다.
말똥구리는 아마도 자신이 굴리는 말똥을 사랑했으
리라. 그래서 비록 모양은 비슷해도 용이 가지고 있는
그렇게도 귀하다는 여의주를 부러워하지 않았을 것이고
용 또한 최고 권력의 상징이자 존귀한 가치의 동물이지만
그만큼의 아량과 크기로서 말똥구리와 말똥 경단을 비웃지
않을 것이라고.
나는 이 글을 [자기 존엄]의 글로 읽었다.
연암 박지원은 그 작고 하찮은 말똥구리를 보며 인간이 상상으로
만든 최고 권력의 상징인 용을 견주어 실존하는 말똥구리의 천하
지만 귀하고, 작지만 대단함을 말한 것이다.
연암 박지원의 연구자들은 누가 더 낫고 아니고의 가치가 아니라고, 하지만
나에겐 말똥구리가 더 위대해 보인다. 소나 말의 똥을 잘라내어 자기 몸의 수
십 배나 되는 경단을 우직하게 굴리는 말똥구리가 얼마나 대단한가.

오늘날 우리는 여의주와 말똥 경단 중 어느 것이 더 소중한지를 묻지는 않을
것이다. 다만 세상의 그 어떤 것도 자기만의 아름다움과 가치와 소중함이 있
다는 것. 만약 말똥 구슬이 용의 여의주를 부러워했다면 말똥 구슬의 삶이 얼
마나 비루하고 불행했을까… 모든 것이 겉으로 드러나는 물질적 가치로 비
교 평가당하는 시대에 몇 줄밖에 안되는 이 짧은 글은 그래서 오늘의 우리에
게 던져주는 바가 크다.

연암 박지원(1737~1805)은 조선 후기, 주자학과 소중화의 강고한 세계관의 시대에 법고라는 옛 전통을 이어받아 창신이라는 새로움으로 시대에 대한 통렬한 비판과 사고, 인식의 대전환을 역설한 대문장가다. 연암의 글은 방대한 고문을 인용하여 한번에 쉽게 이해하기 힘든 글도 많지만 하나하나 찾아 들어가 이해하는 순간, 머리를 딱 치는 듯한 독특한 사유와 기발함에 놀라고 연암만의 독특한 문장법과 그 심오함에 한번 더 마음 한편이 잔잔해진다.

삼손 치명적 사랑의 화신

구약성서에 나오는 전설적인 전사로서 이스라엘 민족의 영웅이다.
신을 위해 태어나서 그러했는지 사자를 찢어 죽이고 천명과 싸워서도 이기고 성문을 뽑아버리는 괴력의 사나이. 그러나 신과의 서약을 깨뜨리며 어느 한 여인을 사랑하면서 자신의 힘의 원천인 머리카락이 잘리고 두 눈마저 뽑혔다. 결국 적들에게 제물이 되어 노예로 살다 최후의 순간 다곤 신전을 무너뜨렸다.

여기까지가 우리가 알고 있는 삼손의 이야기다. 그런데 삼손 이야기의 숨겨진 가장 인상 깊은 이야기는 바로 치명적으로 위험한 사랑 이야기가 아닐까 생각한다. 사랑이라고 하기엔 무척 위험한… 그러나 적어도 삼손에겐 그것이 사랑이었을 것이다. 자신의 모든 것을 잃을 수 있는 사랑은 처음부터 너무 위험하고 불확실하며 운명적인 것이 아니었을까? 만약 삼손에게 이 치명적인 유혹과 사랑이 없었다면 삼손은 일개 장사에 불과했을 것이다.
사랑조차도 등급으로 맞춰보고 마음 아플 틈조차 없는 메마르고 그 쿨한 사랑을 쫓는 사람들에게 삼손은 이 얼마나 어리석은 사람인가…

불에 태워진 당신으로 인해 프랑스의 명예와 역사가 영원히 빛났소.

Jeanne D'arc, Sainte

잔 다르크 가녀린 소녀에서 성녀로

1337년 영국의 침략으로 시작된 프랑스와의 백년전쟁. 당연히 전쟁 한 가운데 놓인 프랑스 땅은 황폐해질 수밖에 없었다. 이러한 국난의 시대에는 꼭 등장하는 인물들이 있었으니 바로 나약한 왕과 사리사욕과 분당, 분파만을 일삼는 귀족들. 당시 프랑스도 크게 다르지 않았다. 오직 선량한 프랑스 국민만이 이 전쟁으로 인해 혹독한 고통을 당해야 했다. 이 백년전쟁의 막바지 무렵 홀연히 나타나 프랑스를 구한 소녀가 있었으니 바로 잔 다르크(1412~1431)다.

잔 다르크는 "프랑스를 구하라" 는 신의 계시를 받았다고 한다.
나약한 데다 즉위도 못한 왕세자를 설득하여 군대를 얻은 잔 다르크는 지친 병사들의 사기를 북돋으며 영국군에게 포위되어 있던 오를레앙 성을 해방시키며 영국군을 계속 격파했다. 그리고 그 기세를 몰아 왕세자도 프랑스의 정식 왕으로 즉위시켰다. 잔 다르크는 이를 계기로 프랑스군의 중심이자 전 프랑스 국민의 힘을 하나로 모을 수 있었다. 그리고 이 시대를 전후하여 프랑스는 근대국가의 인식과 체제를 갖추게 되었다고 한다. 그러나 잔 다르크가 이렇게 국민적 영웅이 되고 국민의 사랑을 독차지할수록 왕과 귀족들의 질투와 시기는 당연히 높아져 갔다.

그래서였을까. 그 후 잔 다르크는 이어지는 콩피에뉴 전투에서 포로로 잡혔다. 영국군은 신의 음성을 들었다는 이유로 잔 다르크를 종교재판에 회부하여 마녀로 죄를 씌운 채 화형에 처했다. 프랑스를 구한 19세의 한 가녀린 소녀가 자신의 종교적 신념과 애국심으로 온몸이 화염에 휩싸인 채 불태워진 것이다. 왕과 귀족들은 잔 다르크를 살릴 수도 있었지만 방관했다. 잔 다르크는 왕족도 귀족도 공주도 아니었으며, 당연히 남자도 장군도 아닌 가난한 민중의 딸이었다.

잔 다르크가 마녀로 화형당한 지 489년 후인 1920년.
가톨릭교회는 잔 다르크를 성녀로 시성했다.

 **코페르니쿠스적 전환**[Copernican Revolution]이란?
서구문명에서는 기존과 다른 어떤 획기적인 인식과 사고의
변화, 사건이나 발명 등을 일컬어 [코페르니쿠스적 전환] 이라 한다.

코페르니쿠스 과학 혁명의 아이콘

폴란드 출신의 성직자이자 천문학자인 코페르니쿠스[1473~1543]는 삶을 마치는 그 순간까지 천문학 연구에 매진했다. 우주의 중심은 지구이고 태양과 달, 그 밖의 모든 별이 지구를 중심으로 돈다는 천동설은 1,500여 년 동안 과학계와 종교계에서는 절대 불가침의 이론이었다. 더구나 코페르니쿠스는 이 천동설에 대해 어떠한 의문도 가져서는 안되는 성직자로서 임시 대주교의 위치까지 오른 인물이었다.

그러나 어떠한 신분적 제한과 시대적 난관도 과학과 진실에 대한 코페르니쿠스의 열정을 멈추게 할 수는 없었다. 코페르니쿠스의 지동설 이론은 지구가 더는 우주의 중심이 아니고, 인간도 세계의 중심이 아니며 지구와 태양 주위의 행성들은 태양을 중심으로 회전한다는 것이다. 이 이론은 단순히 하나의 사물이나 인식의 변화가 아닌 우주의 중심을 바꾼 것이다. 그가 죽기 몇 개월 전인 1543년, 수년 동안 망설인 끝에 자신의 모든 천문학 연구가 들어 있는 [천체의 움직임에 관하여]가 출판되자 코페르니쿠스는 종교재판에 회부되어 이단자로 선고받았고 그의 지동설은 금지되었다.
그러나 반세기 후 갈릴레이, 브루노, 케플러 등에 의해 다시 빛을 보게 되었다. 우리가 흔히 훌륭한 업적을 남긴 사람들에 대해 "시대를 뛰어 넘었다"라는 표현을 종종 쓰는데 자세히 들여다보면 사실 그렇지 않은 경우가 많다. 그러나 코페르니쿠스야말로 그가 살았던 시대를 넘어 인식의 공간을 초월하고 자신의 신분적 한계를 극복한 진정한 혁명가다.

자신조차도 신봉하던, 신봉해야만 했던 세계관을 바꾼다는 것이 얼마나 어려운 일인가?

Nicolaus Copernicus

의적 임꺽정 그저 천한 백정으로 살겠다면…

조선 시대 가장 하찮은 천민인 백정 임꺽정이 칼을 들었다. 칼로서 지배 당한 자가 스스로 그 무거운 칼을 거꾸로 잡은 것이다. 세상을 뒤집기 위해! 자신에 대한 최소한의 인간적 존엄과 더 나은 세계를 위해 자신이 짊어질 고난과 죽음을 각오하고 세상에 뛰쳐나왔다. 이것이 우리가 알고 있는 임꺽정이다. 그저 밥 한 끼라도 먹고 살려면 그래서 천한 백정으로 살겠다면 머리나 푹 숙이고 살면 되지… 그러나 이건 임꺽정이 아니다.

임꺽정은 자신 안의 울분과 야성을 꺾을 수 없는 사람이고 그래서 온몸으로 싸운 것이다. 사람들은 그때나 지금이나 임꺽정을 의적(義賊)이라고 한다. 그런데! 의적들은 대부분 비참하게 죽었다. 과연 의적들이 그렇게 죽어야 하는 시대는 어떤 사회일까? 아무래도 부패한 인간들이 그 사회를 장악 했을 것이며 도덕과 상식은 이미 땅바닥으로 떨어졌을 것이다.

부패하고 반칙이 성행하는 사회에서 인간은 존엄할 수 없고, 비겁과 비굴 맹종과 억압만이 판칠 것이다. 그래서 의로운 사람은 고립될 것이며 그 사회에 존속할 수 없게 될 것이다. 봉건시대의 저 천한 임꺽정도 세상을 향해 포효했는데!

오늘, 우리는 무엇이 두려운가!!!

살라딘 이보다 원수를 더 사랑한 인물이 세계사에 있었던가?

종교적 광신과 증오로 벌어진 십자군 전쟁.
십자군에 의한 대살육과 만행은 역사서에 생생히 기록되었고 이 십자군 전쟁으로 인해 인류는 전무후무한 한 영웅의 이름을 알게 되었다.
그 이름은 살라딘[Saladin, 1137,8?~1193] 이슬람제국의 술탄이다.
오늘날 자의든 타의든 서구 중심적인 세계관을 가진 우리에겐 낯선 이름이고 그만큼 우린 다양한 세계관을 갖고 있지 않다고 해도 큰 무리는 아닐 것이다. 쿠르드족 출신인 살라딘은 흩어져 있던 이슬람 세계를 통합하여 침략자인 십자군을 대파하며 1187년 드디어 십자군에게 정복당했던 성지인 예루살렘을 탈환했다.
여기서부터 살라딘의 위대함이 드러난다. 승자로서 그렇게도 야만적이었던 십자군 패배자들에게 어떠한 보복은 커녕, "천국의 가장 위대함은 자비"라며 모든 것을 용서하고 관용과 자비를 베풀었다. 그 참혹한 시대에 살라딘은 정말 이 지상에서 천국의 위대함을 몸소 실현한 것인가?
아… 이슬람교도로서 이보다 원수를 더 사랑한 인물이 세계사에 있었던가? 그리고 이러한 인물들이 대개 그렇듯 그는 죽을 때 자신의 장례식 비용조차도 남기지 않았다. 전사로서의 탁월한 지략과 용맹함, 군주로서의 청렴함, 신성할 만큼의 인격체. 살라딘의 이 모든 관용과 자비는 이슬람의 자존감이자 상징이고 모든 인류 역사의 영원한 본보기다.

Ṣalāḥ ad-Dīn Yūsuf ibn Ayyūb

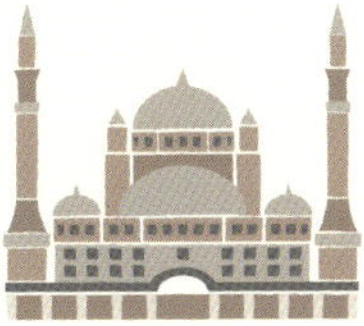

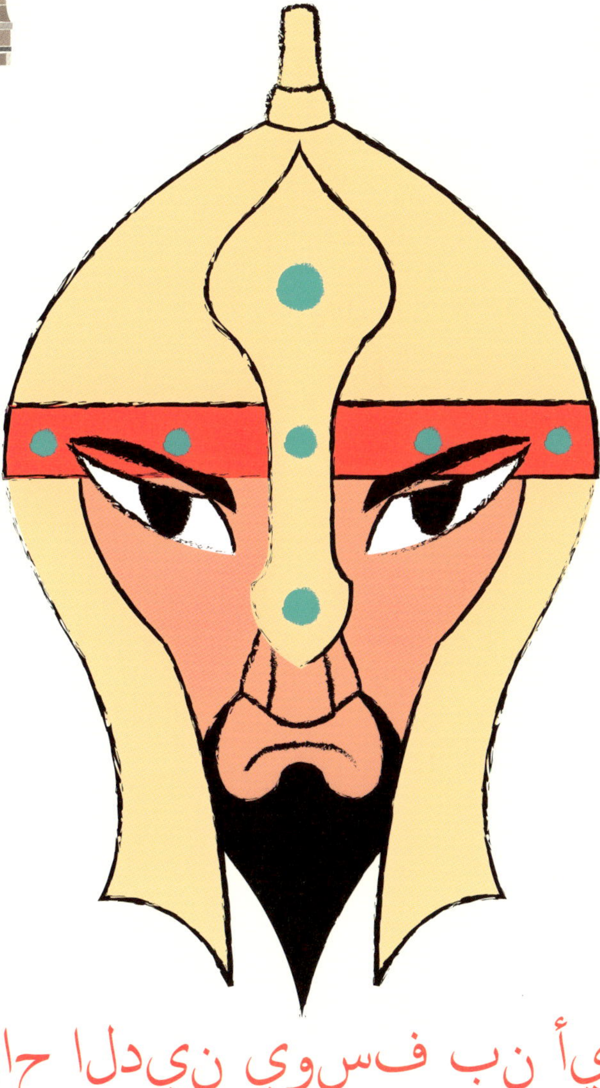

بويأ نب فسوي نيدلا حالص

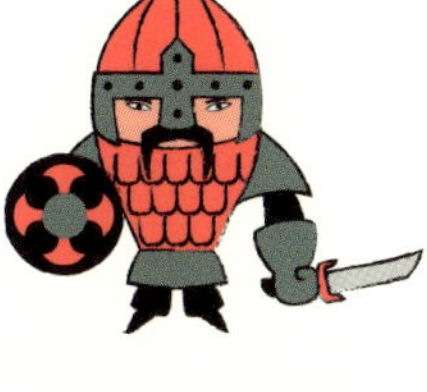

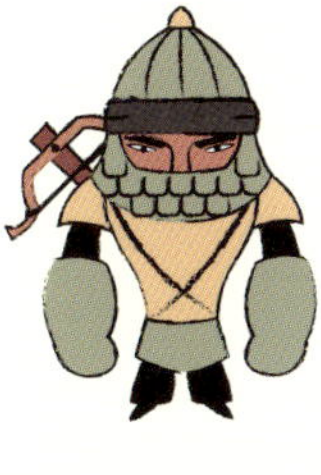

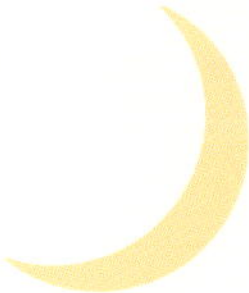

이렇게 나 혼자 살아남아 이 비극을 전하게 될 줄이야…

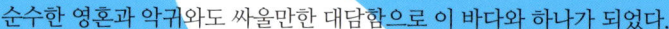

순수한 영혼과 악귀와도 싸울만한 대담함으로 이 바다와 하나가 되었다.

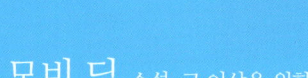

모비 딕 소설, 그 이상을 위한

막대한 생명체들이 생겨나지만, 그 모든 것을 물 한 방울로도 변화시킬 수 있는 바다. 그렇기에 누구의 편도 아니고 별다른 감정도 없으며, 오직 절대적 힘으로 지구를 장악하며 자비도 사랑도 이해도 없으나 반대로 무한히 공평하고 평화롭다. 바로 그 바다의 제왕이 고래다. 지구상에서 가장 거대한 생명체이자 신의 가장 큰 피조물인 고래. 이 피조물에게 광기에 서린 복수심으로 맞서는 에이허브 선장. 그러나 그 복수심도 바다와 모비 딕에게는 잠시 흘러가는 파도 같은 존재일지도…

소설 [모비 딕]은 바다만큼이나 광대한 상상력을 바탕으로 한 거친 모험 이야기와 심오한 철학과 종교적 상징과 비유, 그리고 암시와 축약으로 이루어져 있으며, 당시 고래와 포경업에 대한 방대한 정보도 들어 있다. 그러나 [모비 딕]의 가장 큰 매력은 아무래도 저자인 허먼 멜빌[1819~1891]에게 있지 않을까 한다. 그 자신이 바다 사나이이자 고래잡이였고 [모비 딕]이 출간된 당시에는 문학적으로 전혀 인정받지 못했으며 허먼 멜빌 생전에 무려 12권이나 팔렸다는 사실. 사후 인정받으며 [리어왕], [폭풍의 언덕]과 같이 영문학의 3대 비극이자 미국을 대표하는 문학작품이 되었다.

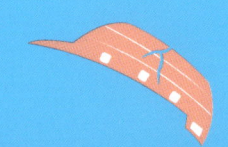

인간들아, 세상은 아직도 노아의 홍수로 덮여 있다는 것을 모르지! 아직도 이 지구의 70%는 물에 잠겨 있어… 그 바다의 주인은 바로 고래고, 내가 바로 이 바다의 제왕이다. 나에겐 힘이 곧 정의다!

모비 딕에게 한쪽 다리를 잃은 후 나의 영혼은 복수라는 괴물에게 저당 잡혔지!

난 포기를 몰라!

고래는 물고기가 아냐!

나의 운명은 육지에서의 비참함 대신 바다에서의 비극을 선택했어!

내 말대로 했더라면…

우상 이언진 자신의 글을 불태운…

我友我不友人 [아우아불우인] 자신만이 자기의 벗이라는 이 단호하고 고독하면서도 아련한 느낌의 이 시구.

바로 조선 후기의 천재 시인이라는 우상[虞裳] 이언진[1740~1766]의 시 중 한 구절이다. 이 문구는 그 이전에도 있었지만, 우상 이언진에겐 또 다른 역설과 사무침이 있는 글이다. 역관[통역관] 출신의 문인으로서 오늘날에도 그의 이름을 아는 사람은 드물다. 그러나 우상 이언진은 자신이 뜻한 바를 이룰 수 없고, 벗어날수 없는 신분제 사회에서 극한의 자존감과 슬픔이 내재한 글로서 시대에 저항하다 서서히 사그라진 자신의 운명 처럼 스스로 자신의 글을 불태우고 스물일곱 해에 요절했다. 시대에 가둘 수 없는 그의 파격적이고 천재적인 글들과 슬픈 삶을 이 작은 지면을 통해 옮겨본다.

강고한 한시의 틀을 파괴하며 인간이 느끼고 표현할 수 있는 모든 감정과 사유를 표출한 우상 이언진은 학문에 대한 지독한 갈구와 섬세한 감수성, 격렬한 저항의식, 극도의 자존감으로 조선 문학사를 통틀어 괴물이자 이단아로 부르기에 손색이 없다. 자신을 [골목길 부처]라 부르며, 시대의 하층민에 대한 애틋한 시선과 동시에 최고 권력자에 대한 저주와 시대의 전복까지 꿈꿨던 그의 불온한 시들. 그만큼 세상과 불화하며 스스로 시대의 외톨이가 되었다. 그래서 자신 밖의 또 다른 자신과 끝없이 대립하며 자신의 글을 피를 토하는 글이라 하여 구혈초[嘔血草]라고 까지 했다. 교조화된 학문의 시대에 고루한 선대의 길은 절대로 따라가지 않겠다는 그만의 강고한 문학관, 자기의 억압 수단인 칼을 주인에게 돌려주는 천민을 보며 자각하지 못하는 천민에 대한 안타까운 마음, 지는 해를 보며 서서히 다가 오는 죽음의 기운을 느껴 울고 싶다는 그의 시들.

그가 죽었다는 소식에 평소 일면식도 없었지만, 우상에 대해 깊은 애정이 있던 동시대의 서얼 문인 이덕무는 꽃나무 아래에서 한동안 떨리는 마음으로 서성거려야 했다.

또한 연암 박지원도 이언진 사후 생전에 본인과 불화했던 그의 삶과 글에 대해 안타까운 마음에서 소설 [우상전]을 남겼다. [우상의 글은 어찌 이리도 슬픈가… 우상의 글은 붓 하나만으로도 한 나라를 무너뜨릴 정도이고… 조선에서는 그리 알려지지 않았지만, 타국에서는 널리 알려졌다… 그가 죽을 즈음에 집안사람의 꿈속에서 우상이 푸른 고래와 함께 신선처럼 나타났다는데… 우상이 저 세상에선 신선이 되었구나.]
그의 유일한 스승이자 지기인 이용휴도 우상의 죽음에 대해 만시를 지어 애도했다. [다섯 가지 색을 지닌 비범한 새가 사람들이 보러 다가오니 홀연히 사라지고… 갑자기 얻은 보물이 어떻게 오래갈 것이며, 자식 없이 죽었지만 그의 이름은 불멸이 될 것이다…]

왜 우상 이언진을 천재적 시인이라고 하는가? 오늘의 우리 주위를 둘러 보라. 그 하찮은 재주를 자랑하기 위해 온갖 방법을 다 써가며 행하는 이 해괴망측한 모습들… 그런데 우상은 그렇게도 파격적이고 우월한 시를 쓰고도 당대에 그의 시를 직접 본 사람은 몇 명 되지 않는다. 이유는 세상이 알아줄 수 없고, 평가할 수도 없었기 때문이다. 그래서 결국 자신과 자신의 글을 누가 알아주겠느냐며 그 짧은 생을 마친 것인가…

지금 남겨진 그의 글 대부분은 그의 부인이 불에 타들어가던 것을 겨우 건져내어 알려졌는데, 이미 불에 탄 글들은 어떤 글인지… 안타까운 마음 뿐이다. 아마도 범인들은 알지 못할 것이다. 자신의 짧은 삶조차 남김없이 다 연소하고, 그래서 자신의 글도 태워버린 우상 이언진.
자신을 골목길 부처라 했지만 그 작은 골목길에 어떻게 그 큰 고래가 살수 있겠는가.

그가 부러워 나의 작은 일면으로나마 이렇게 적었다.

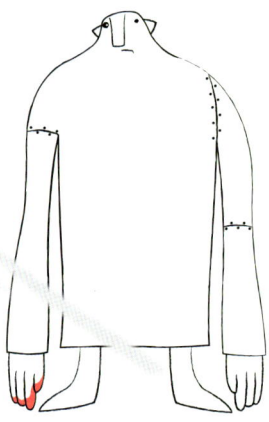

눈과 얼음의 이 황량한 사막에서 나 스스로 유배시키고 영원히 이곳에 묻으리라.

Frankenstein

프랑켄슈타인 기쁨과 행복하기를 영원히 박탈당한

TO : 나의 창조주 빅터 프랑켄슈타인 박사에게

나는 이 세상에 태어난 것인가, 아니면 나타난 것인가? 내가 처음 눈을 떴을 때 다시 마주친 그 빛만큼은 아름다웠지… 그때 이후로 세상의 모든 빛과 저 위대한 태양도 나에겐 공포와 저주의 대상이었지. 나는 누구이고 나는 무엇이며 내 운명은 어떻게 될 것인가… 아무것도 알 수 없고 아무것도 풀 수 없는 나. 그래서 이름도 없는 내가 스스로 자의식을 갖는 것이 더 불행한 것인가? 죽었던 나를 왜 이리도 흉악한 모습으로 살려내어 다시 죽이려는지… 나에게 과거란 존재했던 것인가? 있다고 해도 아무런 기억도 없는 나. 살아 있는게 이렇게 고통스럽다면 혹시 죽음은 안락한 것인지… 고독만이 나의 친구이고, 천사로 살고 싶으나 악마로 살아야 하는 나.

프랑켄슈타인! 당신조차 이렇게 저주하고 혐오할 괴물을 왜 만들었는지! 당신이 생명을 부여한 나를 악마라고 하면서 이리도 학대하고 방치하며 결국 진짜 괴물로 만들다니… 이런 내가 죽어도, 누군가 나를 죽여도 그걸 살인이라고 하지 않지. 이것이 나의 운명이란 말인가.

그러나

당신이 비록 나를 만들었지만, 당신의 노예로 살지는 않겠소.

새로운 창작물로서 온갖 괴물들이 판치는 요즘, 이보다 더 고뇌하는 괴물을 본 적이 있었던가? [프랑켄슈타인]을 읽으며 불현듯 이런 생각이 든다. '혹시 내 안의 괴물은? 아니면 우리가 만든 우리 안의 괴물들은 잘 있는지?' 이 이름 없는 괴물은 지금 이 순간에도 우리에게 뭔가를 묻는 듯하다.

메리 W. 셸리 (1797~1851, Mary W. Shelley) 영국출신의 여류 소설가. 자유롭고 지적인 환경에서 자랐지만 개인적으로는 불행한 삶을 살았다. 대표작인 [프랑켄슈타인]은 당시의 급속도로 발전해가는 과학에 대한 비판과 경고에서 쓰여졌다.

꿋꿋한 양철 병정 <small>안데르센의 또 다른 분신</small>

'나는 말할 수 없고 움직일 수도 없다. 정말 사랑하는 저 발레리나 종이 인형과 말 한마디라도 해봤으면… 나도 양철이 모자라서 한 쪽 다리밖에 없는데 저 발레리나 인형도 한쪽 다리로 서 있네… 참 꿋꿋하군.'

"나는야, 악당 피에로 인형!" 갑자기 상자에서 악당 인형이 튀어 나왔고, 양철 병정은 영문도 모른 채 길가로 떨어져 어떤 아이의 손에 의해 종이배에 실려 하수구로 보내졌습니다. 그리곤 거대한 시궁창 쥐를 만났습니다. "통행증 있나? 있으면 보여줘! 그리고 통행료도 내야지! 내 허가 없이는 이 시궁창을 못 지나가!"

종이배는 바다까지 나가더니 결국 찢어지고 양철 병정은 물고기 밥이 되었습니다. '난 언제 어디서나 꿋꿋한 양철 병정! 몸을 굳건히 세우고 총도 절대로 내려놓지 않아!' 양철 병정을 잡아먹은 물고기가 어부에게 잡혀 배가 갈라지고 양철 병정은 운명적으로 다시 집으로 돌아왔습니다.

'무척 감격스럽군… 그러나 난 울지 않아. 꿋꿋한 양철 병정이니깐!' 그러나 다시 만난 두 인형은 아무 말도 할 수 없었습니다. 그러나 기쁨도 잠시, 한 소년이 아무 이유 없이 양철 병정을 난로에 던졌습니다. '너무 뜨겁군. 내 몸이, 내 양철이 녹고 있어.' 그러곤 바람이 불어 발레리나 종이 인형도 난로에 떨어졌습니다. '이렇게 우리는 불에 타서 하나가 되는 건가…' 양철 병정은 불에 녹아 양철 심장이 되었습니다.

Den standhaftige tinsoldat
Hans Christian Andersen

안데르센(1805~1875) 문학 속의 주인공들 대부분은 안데르센 그 자신이었다. 몹시도 섬세한 감성을 지녀 심약하기까지 했던 그의 영혼과 삶. 그리고 사회적 성공과는 다르게 평생 이루지 못했던 사랑들, 고독과 좌절 그리고 희망을 꿈꿨던 그의 문학. 꿋꿋한 양철 병정은 바로 안데르센 그 자신이며 자신의 이야기를 위대한 문학으로 승화시킨 것이다.

메피스토텔레스 간혹 인간보다 더 진실을 말하는 악마

난 악마, 내 본업이 뭔지 잘들 아시지. 그런데 간혹 나 같은 악마도 옳은 말을 할 때도 있지. 나와 거래를 해야, 나에게 영혼을 팔아야 온갖 쾌락과 세상의 부귀영화를 누릴 수 있어. 비록 욕을 좀 먹지만, 아니면 죽어서 오명을 남기던가. 그 정도야 뭐… 나도 원래 태초에 태어났어! 빛의 절반은 어둠인데, 어둠 때문에 빛이 빛나듯이 나 때문에 인간들이 빛나는 거야! 나도 가끔 다른 악마한테 내 영혼을 팔고 싶을 때가 있지… 세상에서 가장 재수 없는 것은 절망하는 악마지… 그러나 그런 일은 거의 일어나지 않아… 세상의 모든 쾌락과 부귀영화를 누리고 싶다면 내 계약서에 사인만 하면 돼! 영혼을 파는 계약서의 사인은 아주 간단하지… 나를 좋아하는 인간들이 얼마나 많은지… 죽어서 지옥 갔다는 악마 이야기를 들은 적이 있는가? 죄를 인정하며 무릎 끓고 사죄 하는 악마를 본 적이 있는가? 끝으로 한마디, 인간들은 누구나 천당엘 가고 싶어 하지. 그렇다면 이 지옥 같은 현실을 극복해야 해!

파우스트 불멸의 영혼을 가진 자

나에게 삶의 즐거움이란 무엇인가? 결국 자부할 만한 지식도, 재산도, 세상의 온갖 부귀영화도 없구나. 저 달빛이라도 나의 고뇌를 알아줄까… 내가 가장 열망하는 것은 오직 진실에 대한 열망과 새로운 인식을 위한 끊임없는 탐구, 나는 세상의 온갖 공부는 다 했지만 이렇게 막혀버렸고, 어떠한 종교적 구속이나 기존의 관습에서도 자유로워지고 싶었어! 그래서 단지 조금만 더 알기 위해 잠시 악마와 거래를 한 것이야. 아, 얼마나 허망한가… 인간은 자신의 한계를 어느 정도까지 초월할 수 있단 말인가? 고뇌하지 않는 인간 만큼 불행한 것은 없지. 악마와 거래했지만 그러함에도 끝없이 방황하고 노력하며 자기 실현을 하려는 나, 구원받을 수 있을까?… 끝없는 진리 추구와 어떠한 절망과 실패에도 다시 일어서는 인간, 바로 그 인간이 나, 파우스트다.

파우스트[Faust] 독일의 대문호 괴테[1749~1832]가 60여년에 걸쳐 쓴 희곡. 독일어의 위대함을 보여주며 독일 문학을 대표하는 불후의 명작이다. 세상의 많은 학문을 다 배운 파우스트는 악마 메피스토텔레스와 천사 사이에 고뇌하며 끊임없이 노력한다. 결국 인간 영혼의 승리를 쟁취하며 천사의 구원을 받는다.

라이트형제 인간의 힘으로 최초로 하늘을 난

1903년 12월 17일 오전, 이날 인류는 땅 표면을 벗어나 드디어 인간이 만든 기계에 의해 공기를 가르며 비행하는 역사적인 순간을 맞았다. 라이트 형제는 단순히 바람에 의지하는 이전의 글라이더가 아닌 인간이 직접 조종하는 동력비행기로서 자유 비행에 성공한 것이다. 이렇다 할 고등교육도 받지 않은, 인쇄업과 자전거가게를 운영하며 단순한 자전거 기능공에 불과했던 라이트형제는 오직 하늘을 날고 싶은 호기심과 열정만으로 오랫동안 "인간은 날 수 없다"는 불가능에 도전한 것이다. 게다가 그 당시 비행은 죽음을 각오해야 하는 위험한 일이었지만 라이트형제는 세계 최고의 시험비행사이기도 했다. 그 후 라이트형제의 노력으로 인류의 항공 기술은 급속도로 발전했으며 문명과 대륙 간의 이동시간은 획기적으로 줄었고 오늘날 지구촌의 초석이 되었다. 현재 인류는 라이트형제의 도전을 발판으로 하늘을 벗어나 우주로까지 도전 하고 있다.

라이트형제의 전기에 자주 나오는 문구를 보면, 고등교육을 받지 못했고 본격적인 비행에 대해 도전하기 전엔 과학이나 공학과 관련된 전문 지식을 습득하지 못했다고 한다. 문명의 전환기 땐 이렇게 기존 교육과 시스템에서 벗어난 인물들이 기존의 한계를 넘어선 업적을 만들어내는 경우가 많다. 만약 오늘날과 같이 학벌이나 스펙만을 숭배하는 시대에 라이트 형제가 살았다면 그들의 삶은 어떠했을까?

윌버 라이트, Wilbur Wright 1867~1912

오빌 라이트, Orville Wright 1871~1948

바벨탑 인간의 상상력으로 만든 인류 최대의 건축물

하늘 끝까지 닿기 위해 끝없이 쌓아 올린 바벨탑. 생각만으로도 압도 될 것 같은 그 거대함과 기괴함. 인간의 상상력이 놀라울 뿐이다. 이 바벨탑 신화의 주제는 인간의 욕망과 그에 대한 신의 응징이라고 한다. 그러나 하늘 끝까지 올라가고자 하는 인간의 욕망 역시 아찔하면서도 대단하지 않은가. 비록 신의 질투와 방해로 중단되었지만, 그 바벨탑이 무너지는 모습을 상상해보라. 아마도 그 전율과 공포는 그 이상이 될 것이다. 우린 이미 작은 경험들을 하지 않았는가? 그러나 지금 이 순간에도 바벨탑의 후손들은 끊임없이 새로운 바벨탑을 쌓으며 또한 보이지 않는 바벨탑도 계속 쌓아 올리고 있다.

I AM A BLACK MAN WHO LOVES PEACE, AND JUSTICE, AND LOVES HIS PEOPLE.

- Malcolm X

말콤 X(1925~1965) 아프리카계 미국인, 혁명가, 흑인 회교도, 흑인 인권운동가. 그의 학력은 책이다. [X]는 자신의 뿌리와 역사를 삭제당한 진짜 아프리카 성을 상징하는 미지의 표식이다.

말콤 X <small>자유와 존엄의 위대한 검은 사나이</small>

자신의 집이 불타고 불현듯 낯선 총구가 다가오는, 그리고 서서히 조여 드는 암살과 죽음의 예감. 자신의 아버지도 처참하게 의문의 죽음을 당한것 처럼 말콤 X도 인간이기에 당연히 두려웠을 것이다. 그리고 그런 예감은 언제나 들어 맞듯 말콤 X는 16발의 총알을 맞고 죽었다. 아마도 미국 건국 이후 미국 주류 사회에 전례 없는 가장 극렬한 도전자이자 무척이나 당당한 이 검은 인간의 출현에 전 미국 사회는 당황했고 그만큼의 증오도 일으켰기에 말콤 X의 삶도 죽음도 평화로울 수 없었다. 수백 년 동안 그들의 조상을 노예로 잡아와 짐승 이하로 살게 하고, 그 노예들의 뿌리와 역사, 정체성을 삭제하고, 그들의 꿈을 원천적으로 포기하게 하고, 그들의 종교로 세뇌하여 오른뺨을 맞으면 왼뺨을 내놓으라고 강요하고, 겁탈자인 자신들의 피를 섞고 성과 이름을 쓰게 하고, 사회적 성공을 가로막았으며 폭탄, 총, 방망이, 주먹, 발, 짖는 개에게 설득당하라고 한 자들이 말콤 X를 [악마, 괴물, 폭력의 옹호자, 극단론자, 선동가, 전복 음모가]라고 불렀다. 말콤 X는 무릎을 꿇는다는 의미인[니~knee그로]가 아닌 한 사람의 주체적이고 존엄한 인간인 검은 인간[BLACK MAN]이라고 자처하며 더는 미국 사회에서 부당한 차별과 폭력을 거부하며, 미국 흑인들에게 자신들의 조상에 대한 위대함과 흑인 자신들의 존엄에 대해 자신만의 당당한 검은 목소리로 스스로 깨우치고 일어서게 했다. 이것이 바로 말콤 X의 검은 혁명이다.

가장 밑바닥 인생부터 출발한 말콤 X였지만 지식과 정의와 진리에 대해 무한히 갈구했으며 말콤 X도 사람이기에 인간적 한계와 오류가 있었지만, 그의 삶과 죽음은 이 모든 것을 압도 하기에 충분했다. 말콤 X의 자유와 인간에 대한 존엄의 유산은 지금도 유효하다. 말콤 X가 생전에는 미국 흑인들의 자유와 인권을 위해 투쟁 했다면 오늘날 그의 말과 삶은 이 세상의 온갖 차별과 박해와 착취 당하는 사람들을 위한 것이다. 말콤 X 역시 어느 순간부터 자신이 속한 세계에서 벗어나며, 자신이 그렇게도 주장했던 인종 분리 주의와 백인에 대한 분노를 버렸다.

오늘날 우리는 미국의 많은 흑인을 떠올릴 수 있다. 그러나 누구도 말콤 X의 인간적 위대함에는 미치지 못하며 인정하든 하지 않든 말콤 X에게 저마다의 빚을 지고 있다. 만약 말콤 X와 같은 인물이 없었더라면… 끝으로, 말콤 X를 생각하며 우리에게도 내재된 인종차별과 선입견에 대해 다시 생각해 본다.

고귀한 검은 표범 같은 위대한 사나이, 말콤 X를 기리며.

난, 두려움이 없다

핏불 싸우기 위해 태어난 개, 그러나…

핏불은 불독의 개량종으로서 싸우기 위해 태어나 매우 사납고 공격적인 개로 알려졌다. 이러한 선입견으로 인해 우리는 핏불에 대한 고정관념과 몇몇의 일화를 통해 부정적인 인식을 갖고 있다. 그러나 핏불은 다른 종의 개들에 비해 사람에게 그리 공격적이지 않고, 여러 시험을 통해 사람에 대한 친화성과 상황에 따른 침착성 부분에서 우수한 개로 평가받고 있다. 여기, 우리가 지금껏 알지 못했던 핏불의 참 모습을 옮겨보겠다.

두려움이 없어 담대하고 고통에 대한 인내심이 강하여 포기도 항복도 모르며, 진중하여 아무에게나 짖지 않고 경박하지 않으며, 동급 최강이자 뜻밖에 친절한 면도 있다.

이것이 바로 핏불이다.

코뿔소의 외뿔처럼 혼자서 가라 누구든 부처가 될 수 있다

부처님께서 말씀하셨습니다.
코뿔소의 외뿔처럼 혼자서 가라고.

훌륭한 부모님, 언제나 의지하는 형제들과 배우자, 그리고 든든한 친구와 동료들. 우리를 둘러싼 이 모든 사람은 우리 삶의 가장 든든한 버팀목 입니다. 그러나 혹시라도 그들과 등을 돌리거나 실망했더라도 아니면 그러한 사람들을 만나지 못하거나 가슴 아프게 이별해도, 절대 흔들릴 것 같지 않은 코뿔소의 외뿔처럼 외롭지만 혼자서라도 뚜벅뚜벅 걸어가야 합니다.

저 들판을 거침없이 뛰어다니는 사슴처럼 그물을 찢고 힘차게 나가는 물고기처럼, 절대 부러지지 않을 코뿔소의 외뿔처럼 모든 난관을 뚫고 나아가야 합니다.